旬を楽しむ梅しごと

梅干しから梅酒、毎日の梅レシピまで

はじめに

葉山町の築90年のわが家には、大きな梅の古木があります。この家と同じぐらいの樹齢なのでしょうか。太い幹は割れ、つっかえ棒をしなければ折れてしまいそうですが、それでも毎年初春にはかぐわしい白い花を咲かせ、初夏には見事な実をたわわに実らせます。

息子の大地が生まれたとき、この長寿の梅の木にあやかって、〝大ちゃん梅干し〟を作りました。100歳まで長生きするようにと、生まれた年の梅の実100個を梅干しにして、毎年誕生日に1つずつ〝祝い梅〟としていただこうというものです。そんな母の願いも知らず、当の大地はすっぱいのが苦手。5歳になって初めて、自分の名前のついた梅干しを口にすることができました。

「梅干しは分け御霊《みたま》」と言う方がいましたが、大切な存在に自分の生命を注ぎ込み、慈しむとき、そこに魂が宿るという意味です。梅しごとには、そんな家族を思う温かでまっすぐな気持ちが込められているような気がします。自分や家族、大切な人への心を託した贈り物。そんな思いで慈しみながら梅しごとを楽しんでいただけたら、きっと格別な味わいになるのではないでしょうか。

目次

ごはん・麺

おつまみ

おやつ・スイーツ

ドリンク

本書の使い方

・計量の単位については、大さじ1＝15㎖、小さじ1＝5㎖、1カップ＝200㎖です。

・材料の梅の出回り時期と梅しごとの流れの目安は、92ページ「梅しごとカレンダー」で紹介しています。関東地方を基準にしていますが、地域やその年の気候により、出回りの時期や期間に変動があるので、こまめに情報収集してください。

・2章「梅レシピ」の料理に使用した梅干しは、1章で作り方を紹介している塩分12％のものです。使用する梅干しの塩分量に応じて、料理に使う塩の量を適宜調節してください。

1章

梅干し 梅しごと

初夏になると庭の木にたわわに実る梅。この季節の贈り物で、梅干し、梅酒、梅みそなど、ほんとうにいろいろなものを作ることができます。傷んだ梅も種も余すことなく使いきる方法も。旬の時季にしかできない伝統的な手しごとを、ぜひ受け継いでいきましょう。

時間がたつほどおいしい

わが家の梅しごと

ゆっくりじっくり変化を楽しむ

梅干しや梅酒は何年でも保存がききますし、時間がたつほどおいしくなり、効能も高くなるといわれます。作ってすぐのフレッシュなものも魅力ですが、私はゆっくりじっくり熟成させたものが好き。時間とともに塩けや酸味がまろやかになりコクが出て、黄色い梅が琥珀《こはく》色へと染まっていく。その変化も楽しいもの。まるで年を重ねて味わいの増す大人のようです。

完熟梅だからもっとおいしい！

この本では、特別なもの以外は黄色く熟した完熟梅（黄熟梅）で作っています。一般的には青梅で作る梅酒や梅シロップなども完熟梅で作ると、びっくりするような濃厚で味わい深いものに。青梅とちがってアクが少ないので、一晩水につけたり、冷凍したりといった下処理の手間も省けます。出回る期間がほんのわずかな青梅よりも、比較的長く手に入りやすいのも利点。

毎日使って体が整う！

仕込んだ梅はそのまま口にするだけでなく、日々のおかずやおやつ作りにもあれこれアレンジできるのでほんとうに重宝。梅の風味をプラスしたいとき、季節を問わず楽しめます。クエン酸の豊富な梅は、消化を助けたり、殺菌防腐作用をもたらしたり、疲労を回復したりと健康効果も古くから知られているところ。家族の元気を保つためにも欠かせない存在です。

青梅しか手に入らなかった場合は、ざるに並べ、日の当たる風通しのよい場所において追熟させます。数日で黄色く熟してきます。熟しすぎると傷みやすいので、タイミングを逃さないように使いましょう。

材料のこと

満足のいく梅しごとには、適した材料を選ぶことが大切です。梅をはじめ、塩や砂糖などの調味料もこだわって選びましょう。

梅

6月になると出回り始める梅。最初に出てくる小梅や青梅のようなかたく青い梅は、梅肉エキスや甘露煮、カリカリ梅干しなどに使用します。私はそれ以外の梅干し、梅みそ、梅酒、梅シロップなどには、やわらかく黄色く色づいた完熟梅を用います。梅干しにはとくに、肉厚で皮がやわらかい「南高梅」という品種がむいていますが、私は品種よりも育った環境を重視。庭の古い梅の木やご近所など、できるだけ暮らしている葉山で育った無農薬の梅を手に入れるようにしています。傷や斑点、傷みのないきれいな梅を使うのも、おいしい梅ものの基本です。

塩

塩は塩化ナトリウム99・5％の精製塩ではなく、マグネシウムやカリウムなどのミネラル類を含む天日塩などの未精製塩を使いましょう。塩けが立つことなく、まろやかなうまみのある味わいに漬けあがります。精製塩は底にたまって梅全体に塩がまわりにくいことも。使用する塩によって、できあがる梅干しの味や塩分量も少しずつ異なるので、お好みの塩で漬けてください。

わが家で使用している高知県の天日塩「美味《うま》海《み》」は、加熱処理を一切しない、塩本来のうまみが引き立つ塩。天日塩は人工的に手を加えることなく、海そのままのミネラルバランスになっているのが魅力。

砂糖

一般的な梅しごとでは、精製された白砂糖（上白糖）や氷砂糖を使うことが多いと思いますが、私は精製されていないミネラル分を含んだきび糖や黒糖などを選ぶようにしています。甘さが立ちすぎず、まろやかでやさしい甘みになります。また、血糖値の上昇がゆるやかなてんさい糖やはちみつなどもおすすめ。糖分の使用量も一般的なレシピよりも控えめです。

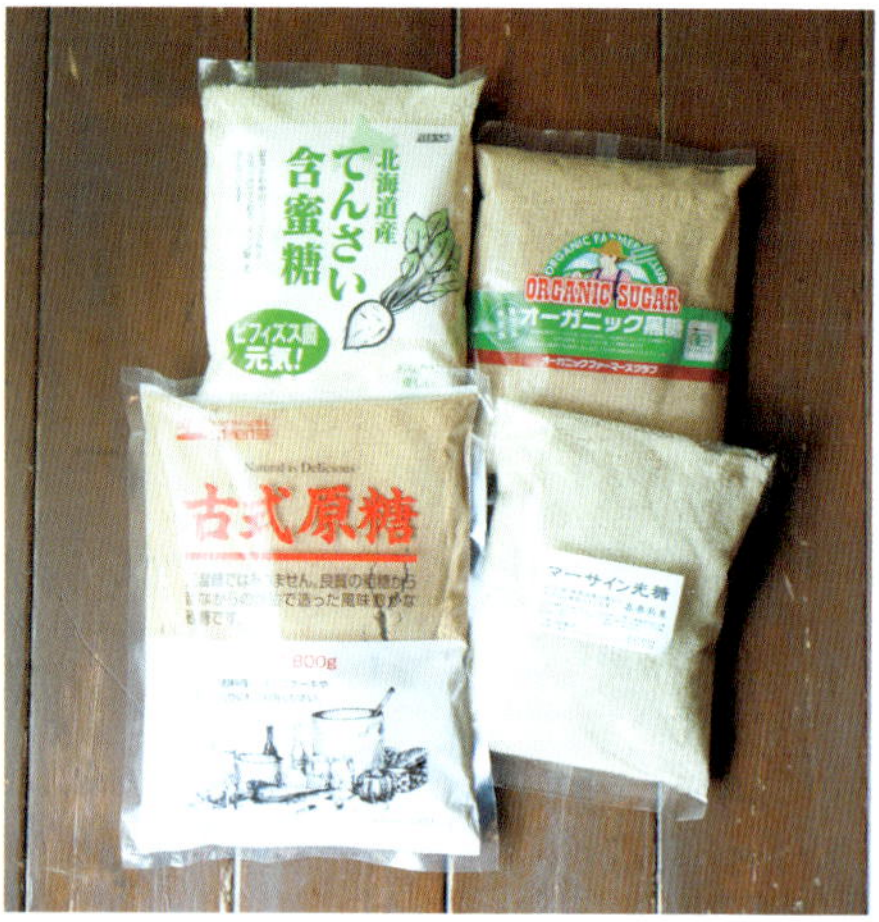

未精製の砂糖にも、「古式原糖」やモラセスシュガー、黒糖などいろいろな種類があるので、好みで使い分けてみてください。

調味料 等

梅酒に使う焼酎はコクのある黒糖焼酎、酢は無添加の純米米酢、みそはゆっくりと熟成させた無添加の米みそ、はちみつは非加熱の天然はちみつなど、そのほかの副材料もこだわって選ぶと、ひときわ味わいが増しておいしくなります。砂糖や食塩、アミノ酸などを含む調味料は、仕上がりの味に影響するので避けてください。

この本で使用している調味料。左から有機純米酢、黒糖焼酎、非加熱のアカシアはちみつ、無添加の玄米みそ。みそは、ふだんは自家製のものを使用しています。

赤じそ

赤じそ梅干しやしば漬けを作るときに使用します。一般的に6月から7月にかけて出回りますが、販売期間が短いので逃さないようにチェックを。葉が変色していたり傷んだりしていない、イキイキと色鮮やかなものを選びましょう。赤じそ梅干しやしば漬けに葉を使用した後、残った枝や茎、はじいた葉などを利用して、赤じそジュースが作れます。

赤じそは両面が赤紫色のちりめんじそが最適です。鮮度が落ちやすいので、できるだけ早く使いましょう。

道具のこと

酸の多い梅を扱うには、容器や道具の選び方にも気をつかわなければなりません。必要なものをリストアップしたので、作るものに合わせてあらかじめ用意しておきましょう。

保存容器は、塩分や酸に強いガラス製やほうろう製、陶器製のかめなどがおすすめです。ふたや金具など食材が触れる部分に金属が使われているものは、梅の酸でさびやすいので、避けるようにしてください。

大きさの目安は、重石が必要な梅干しの場合、梅の重量の2〜3倍の容量が目安。たとえば、1kgの梅なら2〜3ℓ。重石のいらない梅酒や梅シロップなどは、すべての材料を合計した重量よりやや大きめで十分。500gの梅に焼酎900㎖、黒糖250gだと2ℓの容器になります。必ず次の方法で消毒してから使用します。

《 道具は使う前に消毒します 》

漬けた梅がカビたりしないように容器は使用する前に消毒します。大きな保存容器は、アルコール度数35度以上の焼酎やホワイトリカーを霧吹きでスプレーしたり、ペーパータオルにしみ込ませ、まんべんなく拭いて消毒します。小さな瓶は鍋に入れ、たっぷりの水を加えて強火にかけ、沸騰してから5分ほど煮沸します。熱いうちに上を向けて清潔なふきんにおき、自然に乾燥させて使います。

私はアルコール度数96度のスピリタスで消毒しています。容器に少したらして全体に行き渡るように振ったり、ペーパータオルにしみ込ませ、内側を丁寧に拭きます。ふたの部分も忘れないように。

その他の道具

梅は酸が強いため、
道具も金属製のものは
避けるようにします。

梅や材料の塩を計量する道具や梅のなり口のへたを取り除く竹串、梅酢を上げるための重石に、梅干しを天日干しするためのざるなど、梅しごとにはあれこれと細かな道具が必要になります。いずれも、梅の酸に負けないよう金属製のものは避けるようにします。使う前には消毒をしておくと安心です。
また、梅を洗った後に水けをしっかり拭き取るために、清潔なふきんを用意しましょう。

①おろし器／梅肉エキスを作るときに使うおろし器は、陶器やセラミックのものがおすすめ。②へら／木べらで。③鍋／酸に強い土鍋やほうろう鍋で。④ざる／梅干しを干すときに使うざるは、竹で編んだ底の平らなものが最適。⑤はかり／梅や塩などの重さを計量します。⑥重石／梅干しを作るときに必要。1～3kgまで何種類か用意しておくと作る量によって使い分けることができます。口の狭い瓶などで漬ける場合は重石が入らないため、塩や砂糖などの粉ものをポリ袋に小分けにして入れるとよいでしょう(p.19)。そのほか水を入れたペットボトルや底の平らな皿などでも代用できます。⑦計量カップ／焼酎などの液体をはかるときに使います。⑧竹串／梅のなり口のへたを取り除いたり、穴をあけるときに。⑨計量スプーン／酢などの材料をはかるときに。⑩カンロ杓子(シロップレードル)／容器から梅酢を取るときに。⑪さらし／梅肉エキスを搾るときにあると便利。

コラム1
梅はわが家の健康のかなめ

わが家にとって梅は体調を整えるために欠かせない存在です。お腹を壊したときやお酒を飲み過ぎた翌日、梅肉エキスにどれほど助けられたことでしょう。梅に含まれるクエン酸は、胃液にも劣らない殺菌・解毒作用があるからです。息子の大地が2歳のころ、お腹を下したときに与えると、かなりすっぱいのに嫌がることなくスプーン1杯ペロリとなめたことに驚きました。きっと体が本能的に欲していたのでしょう。おかげですぐに回復したことを覚えています。

夏、汗をかいたとき、梅シロップや赤じそジュースが全身の渇きを癒やしてくれます。豊富なミネラルとクエン酸の働きで疲れがいっぺんに吹き飛びます。

梅干しは、ぬか漬け、みそと並ぶわが家の三種の神器。毎日欠かさず食べています。朝は炊きたての土鍋ごはんにのせたり、たたいておむすびに混ぜたり。疲れているなというときや外食をした翌日にも、炒め物や和え物など梅干しをあれこれ料理に取り入れると、体のバランスが整う感じがします。風邪のひき始めで寒気がするなというときには、梅醤番茶。梅干しとしょうがの作用で体の内側からぽかぽか温まり、風邪の邪気を吹き飛ばすことができます。

昔から万能の働きを持つとされる梅干し。その恩恵を最大限に引き出すには、体調を整えてから漬けることが大切。昔から「体調が悪いときに漬けるとカビやすい」という言い伝えがありますから。おいしい梅干しで家族の健康を守るには、まずは自分の体を整えなければならないという先人の教えなのでしょうね。

梅干し1個にしょうが汁を加え、
醤油をちょっとたらして
あつあつの番茶を注げば、
梅醤番茶のできあがり。

時間がおいしさを
ゆっくりと育てる

梅干し作り

ふっくらとしてやわらかく、噛むとほどよい酸味とうまみが口いっぱいに広がる。家族の健康を守るためにも、そんな本物の梅干しをぜひ自分で作りましょう。カビや土用干しの問題もクリアできる方法をお伝えします。

基本の完熟梅干し

梅干しには、赤じそを加えた「赤梅干し」や小梅で漬ける「小梅漬け」などいろいろな種類がありますが、初めての方は、手順の少ないこの基本の完熟梅干しから作るのがおすすめ。完熟梅を塩だけで漬け込んだもので、「白梅干し」とも呼ばれます。失敗しないコツは、傷んだ梅を取り除くこと、道具をしっかり消毒しておくこと、保存中に梅酢から梅が出ないようにすることです。

材料と道具

・完熟梅（黄熟梅）……2kg
・塩……240g（梅の12%）
・保存容器（容量4ℓ）
・重石
（2kgの塩を利用）
・竹串
・干しざる
下準備用に焼酎やホワイトリカー、ペーパータオルなど

仕込み：6月中～下旬

下準備

容器の消毒をする。アルコール度数35度以上の焼酎やホワイトリカーを霧吹きでスプレーしたり、ペーパータオルにしみ込ませて容器の内側を拭く。

傷や斑点、傷みのある梅は取り除き、きれいな梅を選別する。はじいた梅も捨てずに、梅酒や醤油漬けなどに利用する（p.30／コラム2参照）。

作り方

1

梅は傷つけないように
やさしく洗ってざるに上げ、
水けをふきんなどで
丁寧に拭き取る。

2

果皮をやぶったり、
穴をあけたりしないように
気をつけながら、
なり口に残っているへたを
竹串などで取り除く。

3

消毒した保存容器の底に
塩をうっすらと振り入れ、
梅を並べ入れる。

4

一段並べたら、
同じように塩を振り入れ、
これを交互にくり返して重ねていく。
上のほうは塩を多めにし、
すべての梅を並べ終えたら、
最後は表面を塩で覆うようにする。

5

重石をのせてふたをする。
＊ポイント…梅酢を早く上げるため、
梅の重量と同じくらいの
重石にすると翌日から
梅酢が上がり始める。

重石には塩や砂糖などの粉ものを使うと均一に重さがかかりやすく、重さの増減もしやすいので便利です。保存容器の口が狭い場合は、200gぐらいの小分けにして袋に入れ、厚手で大きめのポリ袋に詰めておくと出し入れしやすくなります。

6

4〜5日してすべての梅が
ひたるほどたっぷりと
梅酢が上がっているか確認し、
梅酢が少ないようなら
重石を少し重くする。
直射日光の当たらない
涼しい場所で、重石をのせて
梅酢にひたった状態のまま、
梅雨明けの
土用干しまで保管する。

少量だけ漬けたいときは、
ポリ袋を利用します。
ポリ袋に塩と梅を入れ、
中の空気をしっかり抜いて
口を閉じます。
梅酢がこぼれないように
袋を容器やボウルなどに
入れ、上から
重石をのせれば
同じように漬けられます。

7

梅雨が明けたら晴天が続きそうな
日を選び、梅を取り出してざるに並べ、
土用干しする。
梅酢も瓶ごと天日に干す。
1日1回裏返して全面を干し、
3日間干すと実が引き締まって
味も濃縮する。
夜間はそのまま露に当てても、
取り込んでもよい。

8

梅酢の入った保存容器に戻して、
日の当たらない涼しい場所で
重石はせずに保存する。
かための梅干しが好みなら、
梅酢に戻さず、梅干しと梅酢を
別々の保存容器に移して
保管してもよい。

9

できあがり。
すぐに食べ始めることができるが、
長くおくほど味はマイルドになり、
果肉もやわらかく、
効用も高くなるといわれる。

赤じそ梅干し

基本の「白梅干し」に赤じそを加えて漬けるため、「赤梅干し」とも呼ばれます。深紅の色と、しその香りや風味が加わって、白梅干しよりもふくよかな味わいになるので、梅干しといったらやっぱりこれ！という人も多いのでは。梅と一緒に漬けた赤じそも干せば、ゆかりとして楽しめます。赤じそは、葉がちぢれて両面赤紫色のちりめんじそが最適です。

材料と道具

・完熟梅（黄熟梅）……2kg
・塩……240g
・重石（2kgの塩を利用）
・赤じそ……400g
（梅の重量の20%）
・赤じそ用塩……80g
（赤じその重量の20%）
・白梅酢……大さじ2
・保存容器
（容量4ℓ・消毒しておく）
・赤じそ漬け用重石
（1kgの塩を利用）
・竹串、計量スプーン
・干しざる

仕込み：6月中～7月上旬

下準備

赤じその葉を枝から摘み取り、水できれいに洗ってざるに上げ、水けをきっておく。茎は赤じそジュース用にとっておく（p.46）。

基本の完熟梅干しの作り方（p.18作り方*1～6*）と同様に、梅を塩漬けする。梅酢が上がったら大さじ2を取り、赤じそ漬け用に使う。

作り方

1

ボウルに赤じその葉と塩の半量を入れ、手でよくもむ。
黒ずんだアクの汁が出てきたら、しっかり絞って捨てる。

2

もう一度 *1* を繰り返して、アクをしっかり出す。

3

下準備で取っておいた
梅酢（白梅酢）を
2のボウルに加え、
紫紅色の汁が出るまでよくもむ。

4

塩漬けの梅の上に、赤じその葉を
ほぐしながら汁ごと加える。
再び重石をのせ、
梅雨明けの土用干しまで
日の当たらない涼しい場所で保存する。
＊ポイント…重石は赤じそが梅酢につかる
程度の重さに。ここでは1kgの塩を使用。

5

梅雨が明けたら土用干しをする。
晴天が続きそうな日を選び、
梅を取り出してざるに並べ、
3日間天日に干す。
梅酢と漬けた赤じそも汁けを絞って
一緒に天日に干す。

6

梅酢の入った保存容器に戻して
日の当たらない涼しい場所で保管する。
かための梅干しが好みなら、
梅酢に戻さず、
梅干しと梅酢を別々の保存容器に
移して保管してもよい。

7

ふっくらとした
真っ赤な赤じそ梅干しのできあがり。
すぐに食べられるが、
半年ぐらいおいてからのほうが
塩けがなじんでまろやかになる。
赤じその量を増やせば、
より濃い赤色の梅干しになる。

私は祖母や母から受け継いだ
ふっくらやわらかい
梅干しが好みなので、
土用干しの後も梅酢に戻して
保存しています。

すももで作る梅干し

梅もすももも同じバラ科のサクラ属。数年前、たわわに実るすももが放置されているのを発見し、梅干し作りに挑戦してみたら大成功。果実が赤みを帯びているので、赤じそを入れなくても赤くなり、香りもよりフルーティーです。

材料と道具

- すもも（プラム）……500g
- 塩……60g
- 保存容器
（容量1ℓ・消毒しておく）
- 重石500g
（500gの塩を利用）
- 干しざる

仕込み：6月中旬〜7月下旬

作り方

1 すももはよく洗い、水けをふきんなどで丁寧に拭き取る。皮がやぶれないように注意を。

2 塩とすももの順に交互に重ねて保存容器に入れる。

3 塩は上のほうを多めにし、最後は表面を塩で覆うようにする。

4 重石をのせてふたをし、暗く涼しい場所で保管する。

5 2〜3日ですももから水分が上がるので、すべてのすももが液体にひたっている状態で、そのまま梅雨が明けて天日干しするまでおいておく。

6 梅雨が明けたら晴天が続きそうな日を選び、すももを取り出してざるに並べ、天日干しする。

7 保存容器に戻して日の当たらない涼しい場所で保管する。

小梅漬け

一口サイズで食べやすく、お弁当に入れるのに重宝します。ただ小梅は果皮がかたく果汁が少ないので、漬け方にも一工夫を。酢を加えて塩でもんでから漬け込むことで、果皮をやわらかくして梅酢の上がりがよくなります。これは祖母から教わったやり方。干さずに梅酢に漬けたまま熟成させるのも祖母流で、ふっくらやわらかく仕上がります。

A

材料と道具

- 完熟（黄熟）小梅 ……… 500g
- 塩 ……… 50g
- 純米酢 ……… 大さじ3
- 保存容器
  （容量1ℓ・消毒しておく）
- 重石500g
  （500gの塩を利用）
- 計量スプーン、竹串

仕込み：6月中旬

B

作り方

1 小梅をよく洗い、水に30分ほどつけておく。

2 水けをふきんなどでしっかり拭き取り、竹串でなり口のへたを取る。

3 ボウルに小梅を入れ、酢をまわしかけて（写真A）全体にからめる。

＊ポイント…酢を加えると梅酢が上がりやすく、表面にしわができにくくなります。

4 塩の半量を加えて、1つ1つにしっかりとまぶしつける（写真B）。

5 保存容器に梅を入れ、残りの塩をふりかける。重石をして梅酢が上がればできあがり。干さずに、梅酢に漬けたまま常温で保存する（写真C）。食べごろは半年後から。赤じそを加えたり、土用干しをしてもよい。

＊ポイント…青梅を使う場合は、水に4〜5時間つけてアク抜きしてから使います。

C

コラム2

まだある梅の活用法

梅はこの本で紹介しているレシピだけでなく、ほかにもいろいろな活用法があります。たとえば、水筒の水に梅干しを1つぽとりと入れて、これを私は「真夏の梅水」と呼んでいます。ミネラル分と塩分の補給になるので一石二鳥、熱中症対策に有効です。ほんのりとした酸味と塩けのきいた水は、何よりとてもおいしく感じます。

青梅はぬか床にそのまま入れて、殺菌防腐のためと、さわやかな香りづけに利用しています。

雨や風で落ちてしまった庭の梅や傷のある梅も捨てずに、傷んだ部分を切り落としてから醤油漬けや塩漬けに。梅の風味のする醤油は調味料として、塩漬けした梅はたたいて、炒め物に加えたり、おにぎりに混ぜたりといろいろなお料理に使えます。もっとも少しぐらい斑点があっても、見た目はあまりよくないですが、大丈夫。自家用でしたら気にせず梅干しにしてしまうこともあります。

梅の種は集めて純米酢に漬けておくと、ほんのり梅酢になりますし、梅種杏《あん》仁《にん》豆腐の材料としても使えます（90ページ参照）。

砂糖を入れずに黒糖焼酎と完熟梅だけで漬け込んだ「大人の梅酒」にも挑戦しています。甘みはないけれどコクがあり、甘ったるいお酒が苦手な方や糖分が気になる方にもおすすめです。

保存性が高く、効能も高いといわれる梅。あれこれ使い道を考えていろいろなシーンで使ってみると、思わぬ発見があるものです。

保存瓶に傷んだ部分を切り落としてから
梅を入れ、ひたひたの醤油を注いで醤油漬けに。
梅の重さの10％程度の塩を加えれば塩漬けに。
どちらも2～3か月ほどおいたら利用できます。

深みのある味わいを
とことん楽しむ

梅しごと

梅酒や梅シロップ、梅みそなど、合わせる素材によってさまざまに変化する梅。青梅のキリリとした酸味に完熟梅のまろやかなうまみ。それぞれの特徴を生かして幅広いバリエーションを楽しみましょう。

黒糖梅酒

一般的な梅酒は、青梅にホワイトリカーと氷砂糖で作るものが多いのですが、私は完熟梅と黒糖、黒糖焼酎という組み合わせ。3か月後から飲み始められますが、梅を入れたまま1年以上熟成させるので、年代ものの洋酒のような深いコクがあり、飲まれた方が驚くほど。梅は、梅酒と一緒にグラスに入れてそのまま食べてもおいしいです。

材料と道具

・完熟梅（黄熟梅）……… 500g
・黒糖 ……… 250g
・黒糖焼酎 ……… 900mℓ
・保存容器
（容量2ℓ・消毒しておく）
・竹串

仕込み：6月中旬〜7月上旬

作り方

1

梅は傷つけないようにやさしく洗う。ふきんなどで丁寧に水けを拭き取り、竹串で梅のなり口のへたを取り除き、表面に10か所ぐらい穴をあける。

2

黒糖、梅の順に、交互に重ねて保存容器に入れる。

3

焼酎を静かに注いでふたをし、
冷暗所で保存する。
ときどきゆすって
砂糖が均一にまわるようにする。
3か月後ぐらいから飲めるが、
おすすめは1年おいたもの。
梅を取り出して
梅酒と別々に保存してもよいが、
漬けたまま熟成させてもよい。
梅の実はそのまま食べたり、
寒天やジャムなどに利用できる。

梅酒は2～3年熟成させると、よりコクが出て濃厚な味わいになる。写真左は3年前　に仕込んだのもの。

梅ジャム

加熱して煮詰めるジャムなら、傷みや斑点のある梅もむだなく使いきれます。完熟梅で作ればアク抜きの手間もなく、鮮やかなオレンジ色に仕上がります。

材料と道具

完熟梅（黄熟梅）……500g
（傷や斑点のある梅でよい）
てんさい糖……100g
鍋（ほうろうや土鍋など金属製でないもの）
保存容器
（ガラス瓶など金属製でないもの。容量300mℓ程度・消毒しておく）
竹串
仕込み　6月中旬〜7月初旬

作り方

1　梅は洗ってふきんなどで水けを拭き取り、竹串でなり口のへたを取り除き、傷んでいる箇所は削り取る。
2　梅を鍋に入れて、かぶるくらいの水を注いで中火にかける。ふつふつとしてきたら弱火にし、梅がやわらかくなるまでゆでる。
3　湯を捨て、粗熱がとれたら果肉から種を取り除く。
4　*3*の鍋にてんさい糖を加えて中弱火にかける。アクを取りながら煮詰め、とろみがついたら火を止める。冷めるとかたくなるので、ゆるめでよい。
5　熱いうちに煮沸消毒した保存容器に詰め、すぐにふたをして室温で冷ます。密閉できていれば冷蔵庫で半年ほど保存可能。

梅シロップ

青梅と氷砂糖や白砂糖で作るのが一般的ですが、私は完熟梅と精製されていないきび糖やてんさい糖で仕込みます。完熟梅はアク抜き不要で、エキスの上がりが早いのが利点。青梅よりもコクや甘みが増すので砂糖の量も減らせます。水や炭酸で割って飲むだけでなく、デザートに加えると、まったりと濃厚な甘みをプラスしてくれますよ。

材料と道具

・完熟梅（黄熟梅）……1kg
・きび糖……800g
・保存容器
（容量2ℓ・消毒しておく）
・竹串

仕込み：6月中旬～7月上旬

作り方

1 梅は洗い、ふきんなどで丁寧に水けを拭き取る。
2 竹串で梅のなり口のへたを取り除き、表面に10か所ぐらい穴をあける。
3 きび糖、梅の順に交互に重ねて容器に入れ、ふたをする。
4 3～4日すると果汁が出始める。きび糖が底にたまってきたら、容器ごとゆすってきび糖を溶けやすくする（写真）。2週間ほどで水分が出つくして梅がしわしわに。このぐらいから飲めるが、おすすめは1年おいたもの。梅を入れたままなら、常温で2～3年は保存できる。
＊ポイント…途中、ぷくぷくと泡立って発酵してきたら、ふたをゆるめて空気を抜き、酢を少々加えると発酵が抑えられます。

【シロップのみ保存する場合】
果汁だけを鍋に入れて弱火で加熱し（沸騰する前に火を止めます）、冷めたらガーゼなどでこして保存容器に移し、冷蔵庫で保存します。

【取り出した梅の利用法】
取り出した梅も捨てないで、寒天で固めて梅ゼリーにしたり、ジャムにするのがおすすめ。ジャムにするときは、砂糖を加えずにほぐしながら煮詰めます。

梅肉エキス

青梅をじっくり煮詰めて作る梅肉エキスは、昔から梅の有効成分がぎゅっと凝縮された食べる薬などといわれてきました。強力な殺菌・解毒作用があり、腹痛や下痢、食あたりなどに、耳かき1杯なめるだけで効果があるともいわれます。私や家族もおなかの調子の悪いときにはいつもお世話になっています。旅先にも必ず携帯していくお守りです。

A

材料と道具

・青梅……500g（できあがり約25g）
・保存容器（容量50㎖・消毒しておく）
・おろし器（陶器やセラミック製）
・鍋（ほうろうや土鍋）
・ガーゼまたはさらし
・竹串
・木べら

仕込み：6月上〜中旬

B

作り方

1 青梅は洗ってふきんなどで水けを拭き取り、竹串でなり口のへたを取り、皮ごとすりおろす（写真A）。

2 ***1***をさらしやガーゼに包んで鍋にしっかりエキスを搾り出す（写真B）。

3 鍋を中火にかけ、沸いてきたら弱火にする。

4 アクを取り、焦がさないように木べらでかき混ぜながら煮詰める（写真C）。どろりとして鍋底が見えるようになったらできあがり。熱いうちに煮沸消毒した保存容器に入れ、冷めたらふたをして冷暗所で保存すれば、何年でももつ。

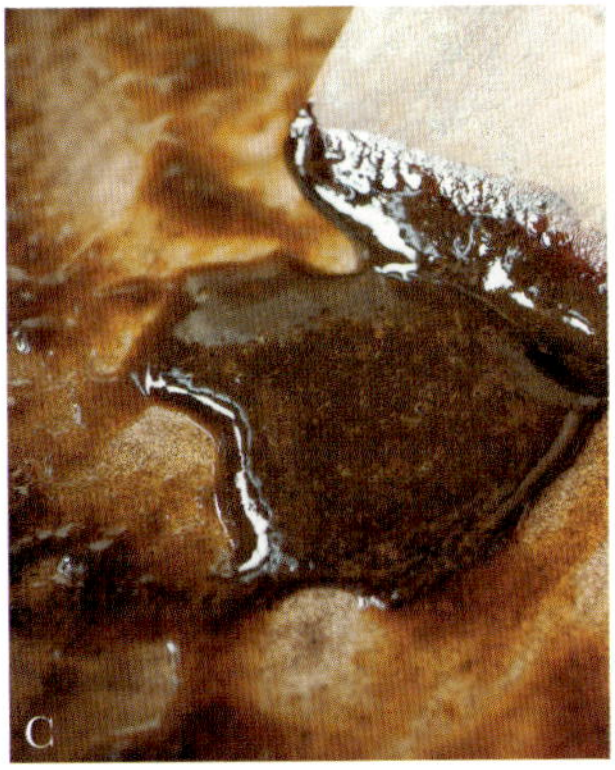

C

青梅のはちみつ漬け

砂糖より糖度の高いはちみつだけで漬けるので、早くエキスが上がります。殺菌作用も高く、カビが生えにくいのも利点。ただ、はちみつには酵母がたくさん含まれているため、はちみつの種類によっては泡が出て発酵することも。その場合は、はちみつを足して濃度を上げるとおさまります。梅はそのまま食べても、煮詰めてジャムにしても美味。

材料と道具

・青梅……500g
・はちみつ……400g
・保存容器
（容量1ℓ・消毒しておく）
・ラップ
・竹串

仕込み：6月上〜中旬

作り方

1 青梅は洗ってふきんなどで水けを拭き取る。竹串でなり口のへたを取り除き、10か所ぐらい穴をあける。

2 保存容器に梅を入れてはちみつを注ぎ、梅が浮かないように表面をラップで覆ってふたをし、冷暗所で保存する。1か月後ぐらいから、水や炭酸、お湯などで2〜3倍に割って飲める。梅を入れたまま2〜3か月は常温で保存できる。

＊ポイント…容器に梅とはちみつを入れたら、表面を覆って空気に触れないようにすると、カビを防ぐことができます。ラップのかわりにガーゼでもよいでしょう。

もぎたてのフレッシュな青梅は、アク抜きしなくても、そのままはちみつに漬けられます。このはちみつ漬けも、自主保育をしている子どもたちと一緒に、山の上の畑にある青梅をもいで、その場ではちみつに漬け込んだもの。収穫してから時間のたった青梅を使う場合は、水に1〜2時間漬けてアク抜きしてから使ってください。

青梅の甘露煮

青々とした季節感あふれる上品な甘露煮。皮をやぶることなく青く艶やかに煮るのが難しいものですが、皮が裂けないように針で細かい穴をあけておくこと、梅が動かないように静かに煮ること、加熱時間は短く冷ます間に甘みを含ませることで、できるだけ手間をかけずにふっくらと煮ることができます。大粒のかたい梅を選ぶこともポイントです。

材料と道具

・青梅……200g
・てんさい糖……160g（梅の重量の80%）
・保存容器（梅が重ならずに並べられる平らなふた付きのバットなどがよい）
・竹串
・針（a）、10円玉（b）
・ガーゼ
・鍋（ほうろうや土鍋など金属製でないもの）

仕込み：6月上〜中旬

作り方

1 青梅は洗ってふきんなどで水けを拭き取る。なり口のへたを竹串で取り除き、針をしっかり刺して細かい穴を20か所ぐらいあける（写真A）。

2 鍋に梅を入れ、かぶる程度の水を加えて2〜4時間つける（写真B）。

＊ポイント…銅製の鍋で煮ると、梅の酸が銅と反応してきれいな緑色に仕上がります。銅製の鍋がない場合は、ほうろう鍋や土鍋によく洗った10円玉を数枚加えて煮ます。銅以外の金属製の鍋だと色が黒ずんでしまうので注意。

a／青梅の皮がやぶれないように小さな穴をあけるには、先の細い針が重宝。消毒したものを使います。
b／10円玉と一緒に煮ることで、銅と梅の酸が反応してきれいな青色に煮あがります。

3 ***2***の鍋に10円玉を加え（写真C）、ガーゼで落としぶたをして（写真D）弱火にかける。沸騰させないように、ふつふつとしたらふたを取り、10分煮る（写真E）。そのままおいて冷ます。

4 別の鍋にてんさい糖と水2カップを入れて中火にかけ、てんさい糖が溶けたら弱火にし、水けをきった梅をそっと並べる（写真F）。ふつふつしてきたら火を止める。

5 冷めるまでそのままおいてバットなどにそっと移し（写真G）、ガーゼをかぶせる（写真H）。残った液を軽く煮詰め、粗熱がとれたら梅がかぶるまで、ガーゼの上から静かに注ぐ。作ってすぐに食べられるが、2日以上おくと甘みをよく含む。冷蔵庫で1～2か月保存できる。

＊ポイント…梅が液から出るとカビやすいので、浮かないようにガーゼをかぶせ、シロップを梅が隠れるまで加えます。

C

D

E

F

G

H

梅みそ

梅の酸味ときび糖の甘み、みその塩分とうまみが溶け合った万能調味料。何年でも保存でき、炒め物や和え物、つけだれと何にでも使えます。

材料と作り方

完熟梅（黄熟梅）……250g
みそ……250g
きび糖……125g
保存容器（容量1ℓ・消毒しておく）
竹串
仕込み　6月中旬〜7月上旬

1　梅は洗ってふきんなどで水けを拭き取り、竹串でなり口のへたを取り除く。

2　みそ、梅、きび糖の順に交互に重ねて容器に入れ（写真A）、ふたをする。一番上はみそになるようにする。

3　2〜3日で梅から水分が上がってくるので、材料が溶け合うように容器を静かに上下にゆする（写真B）。

4　2〜3か月後から食べられるが、おすすめは1年おいたもの。梅は取り出しても、入れておいてもよい。

*梅は、細かく刻んでみそと混ぜて料理に使えます。

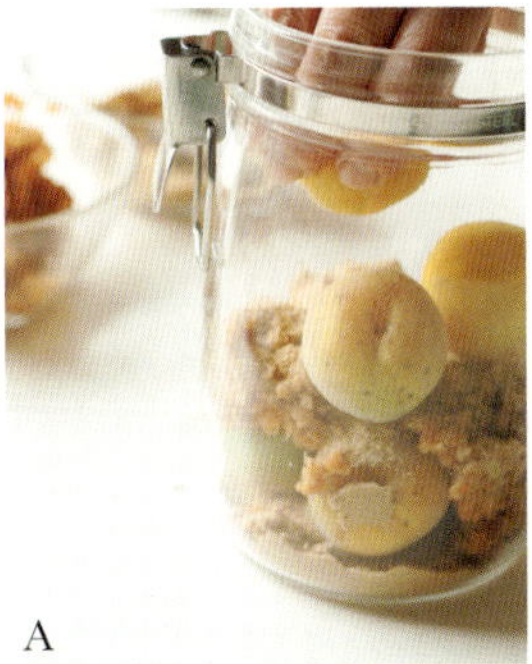

A

B

赤じそで作る

本格しば漬け

…作り方47ページ

赤じそとなすと塩だけで乳酸発酵させて作る夏の漬け物。なすとしその色素が反応して鮮やかな赤紫色に染まります。

赤じその茎で作る

赤じそジュース

…作り方48ページ

梅干しやしば漬けを作った後の赤じその茎や傷んだ葉をむだなく使って、深紅のしそジュースを作ります。

本格しば漬け

赤じそジュース

赤じそで作る
本格しば漬け

材料と作り方

なす……5本（420g前後）
赤じそ……葉のみで90g程度（なすの20%程度）
塩……2.5g（なすの重量の6%程度）
仕込み　6月下旬〜8月初旬

1 赤じそは洗って水けをきる。なすは洗って水けをきり、5㎜幅程度の斜め薄切りにする。

2 深めの容器に大きめのポリ袋を入れ、塩、なす、塩、赤じその順に重ねていく（写真A）。もう一度くり返し、一番上は赤じそと塩で覆う（写真B）。

3 ポリ袋の中の空気をしっかり押し出してから口をぎゅっとねじり（写真C）、なすの重量と同程度の重石をのせる。

4 室温で2週間ぐらいおき、好みの酸味になったら密閉容器に移して冷蔵庫で保存する。かなりすっぱくなるものの、1年間は保存可能。

＊ポイント…ビニール袋の中の空気をしっかり抜くことがカビの繁殖を防ぐコツ。すぐに水が上がってくるので、なすやしそがつねに液につかるようにします。液につかっていない部分があると、カビが生えやすくなります。その場合は重石を重くして調節してください。

A

B

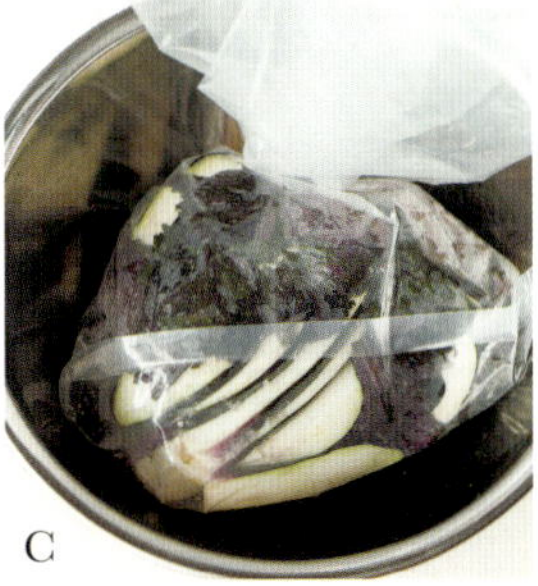
C

赤じその茎で作る
赤じそジュース

材料と作り方

赤じそ……300g
（しば漬けや赤じそ梅干しを作った後に残った枝や茎、傷んだ葉の部分でよい）
てんさい糖……280〜380g
（甘みは好みで加減する）
純米酢……170㎖
鍋
（ほうろうや土鍋など金属製でないもの）
保存容器
（容量1ℓ程度・消毒しておく）
仕込み　6月下旬〜8月初旬

1 赤じその枝や茎、葉はよく洗って水けをきっておく。

2 鍋に***1***と水1.5ℓを入れて中火にかけ、20分ほどじっくり煮出す（写真A）。枝葉の色素が抜けて緑色になれば火を止める（写真B）。葉だけで作るときは7〜8分煮出せばよい。

3 ざるでこして枝葉を取り除き、鍋に戻す。

4 てんさい糖を加えて中火にかけ、てんさい糖が溶けたら火を止める。粗熱がとれたら酢を加え（写真C）、冷めたら保存容器に移し替えて、冷蔵庫で保存する。1か月ほど保存可能。

＊ポイント…酢を加えると、一気に鮮やかな紅色に発色します。

A

B

C

こんなときどうする？

梅しごと Q&A

Q1

梅酢がなかなか上がりません。どうしたらいいですか？

A1

基本的に梅酢は、早ければ翌日から上がり始め、4～5日でほとんどが出てしまいます。なかなか上がらないときは、梅が熟す前のかたい状態で漬けた可能性があります。重石を少し重めにして、圧力をかけてエキスをしみ出すようにしてみてください。

また精製塩を使うと、底に沈殿してしまうため、全体に塩がまわらずに梅酢が上がりにくくなることも。未精製の塩を使うようにしましょう。

Q2

梅干しにカビのようなものが生えてきました。もう食べられない？

A2

梅酢に梅がしっかりつかっていなかったり、傷みのある梅を使ったりするとカビやすくなります。でも、あまり気にしなくて大丈夫。そのまま土用干しまでおいておき、干すときにカビを取り除ければ問題ありません。気になるようなら、カビのついた梅を取り出して、ペーパータオルなどでカビを拭き取り、食酢で洗います。再び容器に戻し、重石を重くして、梅酢にしっかり漬かるようにすればよいでしょう。カビがびっしりとついている梅は取り除いてください。

Q3

忙しくて、3日間連続して干すことができません。

A3

本来は、夏の土用（立秋の前の18日間で7月20日ごろから8月7日ごろまで）が明けたころ、雨が少なく、1年でもっとも日差しが強いこの時季に天日干しをします。ただ、お天気が悪かったり、時間がなかったりするときは、タイミングをずらしても問題ありません。9月になってから干しても十分間に合います。また3日間、連続で干さなくても、合計3日になればOK。晴天の日を選んで、時間のあるときに干せば大丈夫です。もしも雨に濡れてしまっても、梅酢でさっと洗い、またしっかりと干し直せば問題ありません。

Q4
梅干しは何年ぐらいもつの？
保存はどうすればいい？

A4
梅干しは、強い日差しに当てることで水分量が低くなり、細菌やカビの繁殖を抑えられるので、常温で長期間保存できます。なかには50年、100年ものの梅干しもあります。

できあがった梅干しは、密閉容器に入れて常温で保存します。梅酢に漬けたままでも、別々に保存してもかまいません。酸が強いので、容器はほうろう製や陶器のかめ、ガラス瓶などを利用してください。

Q5
梅シロップが
ぷくぷく発酵してきた！

A5
シロップ作りのポイントは、梅のエキスを早く抽出して、できるだけ早くきび糖を溶かすこと。溶けるまでに時間がかかると、どうしても発酵しやすくなります。

青梅を使う場合、皮がかたく、なかなかエキスが上がりにくい場合がありますが、完熟梅で作れば皮がやわらかいので、早くエキスがしみ出しやすいのがメリットです。ただ、どうしてもきび糖は容器の底に沈殿しやすいので、エキスが出るまでは毎日1～2回、瓶をゆすってきび糖を溶かすようにします。

少しぐらい発酵しても問題ありませんが、酢を少し加えると（1kgの梅に対して大さじ2程度）、発酵が抑えられます。

Q6
梅干しの塩分が気になるのですが、
減らしてもいいですか？

A6
この本で紹介している梅干しの塩分は12％です。一般的な手作りの梅干しは18～20％程度ですから、私のレシピはそもそもかなり塩分控えめです。それ以上塩分を減らすと、どうしてもカビやすく、保存性も悪くなりますから、塩分12％以下はおすすめしません。まずは12～20％で仕込み、分が気になるときは、食べるときに梅干しを水につけて、好みの塩加減になるまで塩抜きするとよいでしょう。

2章 梅レシピ

梅干しや梅酒、梅みそなどの手作りの梅の加工品は、そのまま味わうだけでなく、和洋中の料理やスイーツ、ドリンクなどに幅広く活用できます。梅ひとつで奥深いふくよかな味わいになるからほんとうに重宝します。いつもの料理がワンランクアップしますよ。

梅レシピ*01*

かんたんおかず

手作りの梅の加工品を使った梅づくしのレシピ。まずはぱぱっと作れるかんたんおかずからご紹介します。梅干しや梅みそ、梅酒などを料理に使えば、ほかの調味料をあれこれ加えなくても味が決まりますよ。

もずくと梅干しのすまし汁　〈梅干しを使って〉

炒めた鶏ひき肉に、梅干しを加えてじっくり煮出したスープは、調味料やだしを加えなくてもうまみたっぷりです。　… 作り方 p.58

ゴーヤと豚ばらの梅炒め 〈梅干しを使って〉

ゴーヤと梅干しは相性抜群。ボリュームのある炒め物ですが、梅の酸味がきいて、食欲のない夏でもさっぱりといただけます。

… 作り方 p.58

イカの梅パッチョ　〈梅干し＆しば漬けを使って〉

梅干しの酸味と塩けを生かした和風ソースに、刻んだしば漬けを食感のアクセントに。紅色が映える美しい一皿です。

… 作り方 p.58

れんこんと青菜の梅和え 〈梅干しを使って〉

梅干しをたたいた梅肉で和えた定番の和え物。かぶや長芋、きのこなどもよく合います。ささみを加えれば食べごたえもアップ。 … 作り方 p.59

厚揚げとなすの梅づくし 〈梅干し&梅酒、梅みそを使って〉

梅干し、梅酒、梅みその3つを加えた梅づくしの一品。シンプルな煮物がコク深い味わいに変わります。

… 作り方 p.59

白身魚とみょうがの梅蒸し 〈梅干しを使って〉

淡白な白身魚を梅干しと一緒に蒸し上げるだけ。魚のうまみと梅の風味が溶け合って、口いっぱいに広がります。 … 作り方 p.59

梅干しを使って

もずくと梅干しのすまし汁

——52ページ

【材料（2人分）】

梅干し……1個
もずく……30g
鶏ひき肉……100g
しょうが……1片
ごま油……適量
三つ葉……少々

【作り方】

1 しょうがはせん切りにする。鍋にごま油を入れ、しょうがとひき肉を加えて炒める。

2 ひき肉に火が通ったら、水300mℓを加えて梅干しを入れ、中火にかける。沸いたら弱火で5分ほど煮る。

3 もずくを加えてひと煮立ちしたら器に盛り、三つ葉を飾る。

梅干しを使って

ゴーヤと豚ばらの梅炒め

——53ページ

【材料（作りやすい分量）】

ゴーヤ……1本
豚ばら薄切り肉……100g
春雨（乾）……20g
にんにく……1片
梅干し……1/2個
酒……大さじ1
塩……少々
ごま油……適量

【作り方】

1 にんにくは薄切りにする。ゴーヤは縦2糖分し種とワタをスプーンで取り、2～3mm厚さの薄切りにする。春雨は下ゆでして食べやすい長さに切る。梅干しは種をとってたたいておく。

2 フライパンにごま油を入れ、ゴーヤとにんにくを炒める。

3 半分に切った豚肉を加えてさらに炒め、火が通ったら春雨を加える。

4 梅干しと酒を加えてさっと炒め合わせ、塩で味をととのえる。

梅干し&しば漬けを使って

イカの梅パッチョ

——54ページ

【材料（作りやすい分量）】

イカ（刺身用）……胴1杯分
しば漬け（みじん切り）……20g分
梅ソース
　梅干し……1個
　オリーブオイル……大さじ1
　醤油……小さじ1
塩・こしょう……各少々
白炒りごま……適量

【作り方】

1 イカはそぎ切りにして皿に並べる。梅干しは種をとって包丁でたたく。

2 梅ソースの材料を混ぜ合わせ、*1* にかける。塩、こしょうをふってごまとしば漬けを散らす。

梅干しを使って

れんこんと青菜の梅和え

——55ページ

【材料（2人分）】

小松菜……4本
れんこん（小）……1節
梅干し……1個
みりん……小さじ2
白炒りごま……少々

【作り方】

1 小松菜はゆでて水けをきり、4cm長さに切る。れんこんは厚さ3〜4mmの半月切りにして酢少々（分量外）をたらした湯でゆで、水けをきる。

2 梅干しは種をとってたたき、みりんを加えて混ぜる。

3 小松菜とれんこんを*2*で和えて器に盛り、ごまを散らす。

梅干し&梅酒、梅みそを使って

厚揚げとなすの梅づくし

——56ページ

【材料（2人分）】

厚揚げ……1枚
なす……1本
しょうが（みじん切り）……1片分
A 梅干し……1/2個
　梅酒・酒……各大さじ1
　梅みそ……大さじ1/2
ごま油……適量
青じそ……2枚

【作り方】

1 厚揚げは6等分に切る。なすは縦半分に切ってから6等分にする。梅干しは種をとってたたいておく。青じそはせん切りにして水にさらす。

2 フライパンにごま油を入れ、しょうが、なすを加えて中弱火で炒める。

3 なすがしんなりしたら、厚揚げとAを加えて炒め煮にする。

3 汁けが少なくなったら器に盛り、青じそを飾る。

梅干しを使って

白身魚とみょうがの梅蒸し

——57ページ

【材料（2人分）】

鯛……2切れ
みょうが……2本
梅干し……1/2個
塩……少々
酒……大さじ1

【作り方】

1 鯛は塩をふってしばらくおき、水けを拭く。梅干しは種をとってたたき、みょうがは縦薄切りにする。

2 耐熱用の器（またはクッキングシート）に鯛、みょうが、梅干しをのせ、酒をふって、蒸気の上がった蒸し器で5分ほど蒸す。

梅レシピ02

作りおきおかず

食中毒の原因菌の増殖を抑える作用があるといわれる梅。料理に加えれば保存性アップが期待されます。お弁当やおむすびに梅を加えるのもそのため。作りおきおかずにも梅はぴったりです。

保存の目安…冷蔵で1週間

豚ばらの梅みそ炊き（梅チャーシュー）〈梅干しを使って〉

梅干しの酸味が入ることで、かたまり肉がやわらかく、さっぱりと炊きあがります。調味料を梅みそで代用することもできます。 … 作り方 p.65

鶏手羽の梅照り焼き 〈梅干し&梅みそを使って〉

鶏手羽に梅肉をもみ込んで、梅の風味をしっかりしみ込ませます。からめるたれにも梅みそを加えて。手羽元でも同様に作れます。 …作り方 p.65

根菜の梅チリコンカン　〈 梅干し&梅みそを使って 〉

代表的なメキシコ料理にも梅はぴったり。梅干しと梅みそが入ることで、こっくりとした奥深い味わいになるから不思議です。

… 作り方 p.66

さんまの梅煮エスニック風 〈梅酒を使って〉

定番料理にスパイスを加えるだけで、新しい発見。梅が魚臭さを抑え、スパイスとの相乗作用で保存性も高まります。

… 作り方 p.66

昆布の梅山椒煮

〈 梅干し＆赤梅酢を使って 〉

梅風味でさっぱりと。山椒が味を引き締めます。

… 作り方 p.67

梅しそおからふりかけ

〈 梅干し＆梅干しの赤じそを使って 〉

赤じそと梅干しで、おからがピンクに色づきます。

… 作り方 p.67

〔梅レシピ02〕作りおきおかず

梅干しを使って

豚ばらの梅みそ炊き（梅チャーシュー）

——60ページ

【材料（作りやすい分量）】

豚ばらかたまり肉……500g
梅干し……2個
しめじ……1/2袋
長ねぎ……1本
しょうが……1片
A みそ……大さじ2
　酒……大さじ2
　みりん……大さじ2

【作り方】

1 長ねぎは4cm長さに切る。しょうがはせん切りにする。しめじは石づきを切ってほぐす。

2 フライパンに豚肉を入れ、中弱火にかけてじっくり焼き、表面全体に焼き色をつける。

3 鍋に*1*と*2*、梅干しを入れ、水をひたひたに注いで中火にかける。沸いたら弱火にして、肉に竹串がすっと通るまで20〜30分煮る。

4 Aを加え、とろりとするまで煮詰める。汁につけたまま保存し、食べやすい大きさに切っていただく。

●保存の目安　冷蔵で1週間

梅干し&梅みそを使って

鶏手羽の梅照り焼き

——61ページ

【材料（2人分）】

手羽先……8本
梅干し……1/2個
A 梅みそ……大さじ2
　醤油……大さじ1
　酒……大さじ1
　にんにく（すりおろし）……1/2片分
片栗粉……適量
揚げ油……適量

【作り方】

1 手羽先は骨に添って切り込みを入れて味をしみやすくする。梅干しは種をとってたたく。

2 手羽先に梅干しをもみ込み、15分ほどおき、片栗粉をまぶす。

3 フライパンに1cmほどの深さに揚げ油を入れ、*2*の手羽先を加えて中火にかけ、揚げ焼きにする。

4 ほうろうなどの耐熱性の保存容器にAを合わせてひと煮立ちさせ、*3*を加えてからめる。

●保存の目安　冷蔵で1週間

梅干し&梅みそを使って

根菜の梅チリコンカン

――62ページ

【材料（作りやすい分量）】

金時豆（乾燥）……100g

A たまねぎ……1個
にんじん……1本（約100g）
ごぼう……1本（約30g）
れんこん……1節（約70g）

牛ひき肉……100g
トマトの水煮缶……1缶（約400g）
にんにく……1片
梅干し……2個
ローリエ……2枚

B 赤唐辛子粉末（チリパウダー）……大さじ1
クミンシード……小さじ1
醤油……大さじ2
梅みそ……大さじ2

塩・こしょう……各少々
オリーブオイル……小さじ1

【作り方】

1 金時豆は洗ってたっぷりの水に一晩つける。つけ汁ごと鍋に入れて中火にかけ、沸騰したらざるに上げる。鍋に戻し、たっぷりの水を加え中火でコトコトかためにゆでる。煮汁1カップを取りおき、煮汁をきる。

2 Aはそれぞれ1cm角に切る。にんにくはみじん切りにする。

3 鍋にオリーブオイルを入れ、**2**とひき肉を加えて炒める。

4 **1**と粗くつぶしたトマトの水煮、梅干し、ローリエを加えて中火で煮込む。

5 野菜や豆がやわらかくなったらBを加え、煮汁が少なくなるまで煮込み、塩、こしょうで味をととのえる。

＊ポイント…新豆の場合は2～3時間浸水すればOK。豆は後からしっかり煮るので、下ゆでするときは皮がやぶれない程度にかためにに仕上げます。

●保存の目安　冷蔵で1週間

梅酒を使って

さんまの梅煮エスニック風

――63ページ

【材料（2人分）】

さんま……2尾
しょうが……1片
にんにく……1片

A 梅酒……1カップ
ターメリック……小さじ1/2
こしょう……少々
ナンプラー……小さじ1
水……50mℓ

【作り方】

1 さんまは頭と尾を切り落とし、内臓を取り出して洗い、水けを拭いて半分に切る。しょうが、にんにくは薄切りにする。

2 鍋にしょうが、にんにく、Aを入れて中火にかけ、沸いたらさんまを加える。再び煮立ったら弱火にし、落としぶたをして5分ほど煮る。
＊ポイント…梅酒に漬けていた梅も一緒に加えて煮込むと、より香りや風味がアップします。味のしみ込んだ梅もぜひ食べてください。
●保存の目安　冷蔵で1週間

梅干し&梅干しの赤じそを使って

梅しそおからふりかけ

——64ページ

【材料（作りやすい分量）】
梅干し……2個
梅干しの赤じそ……10g
おから……100g
長ねぎ……5cm長さ程度
A　薄口醤油……少々
　　酒……大さじ1
　　みりん……大さじ1

【作り方】
1　梅干しは種をとってたたいておく。赤じそ、長ねぎはみじん切りにする。
2　フライパンにおからを入れ、中火で炒る。
3　1とAを加えて水分が飛ぶまで炒りつける。
＊ポイント…水分が飛ぶまでしっかり炒りつけるのが保存性を上げるコツです。
●保存の目安　冷蔵で1週間

梅干し&赤梅酢を使って

昆布の梅山椒煮

——64ページ

【材料（2人分）】
昆布（だしをとった後のもの）……10cm長さ程度
梅干し……1/2個
実山椒（ゆでたもの）……少々
A　塩……少々
　　酒……小さじ1
　　赤梅酢……小さじ1
　　みりん……小さじ1

【作り方】
1　昆布は約1.5cm角に切る。
2　フライパンに昆布と実山椒、A、梅干しを手でほぐして種ごと加え、中弱火で水分が飛ぶまで煮詰める。
＊ポイント…昆布はだしをとった後のもので十分。だし昆布や日高昆布などのやわらかいものを使います。山椒はゆでたものがなければ塩漬けでも。その場合は、Aの塩は加えません。
●保存の目安　冷蔵で1週間

梅レシピ03

ごはん・麺

梅は、ごはんはもちろん中華麺やパスタと組み合わせて、洋風にも中華風にもアレンジ自在。梅干しや梅酢の紅色が加わると、いつもの主食もぱっと華やいで見えます。

枝豆と梅干しの炊き込みごはん 〈梅干しを使って〉

枝豆の緑と梅干しの赤が美しい組み合わせ。調味料は梅干しだけで、それ以上は必要としません。

… 作り方 p.74

納豆梅ぞうすい　〈梅干しを使って〉

納豆と梅干しを合わせるのは、わが家の定番。納豆の香りがマイルドになるうえ、お腹の調子を整えてくれる最強の組み合わせです。　… 作り方 p.74

梅寿司　〈 赤梅酢＆梅シロップを使って 〉

赤梅酢でほんのりピンク色に染まった酢飯に、紅色の野菜をトッピング。お祝いの席にも似合うルックスです。

… 作り方 p.74

梅干しだしのうどん　〈 梅干しを使って 〉

梅干しに酒を加え、じっくり煮出して梅干しだしをとります。酸味と塩分、うまみが絶妙に相まって、うどんの汁はこれだけで十分！　… 作り方 p.75

梅肉みそ麺 〈梅みそ&梅みその梅を使って〉

ひき肉に梅みそと練りごまを加えたら、ひと味違う濃厚な肉みそに。ごはんと一緒にレタスで巻いたり、温めた豆腐にかけても。 … 作り方 p.75

梅トマトパスタ　〈 梅干しを使って 〉

梅干しとトマトの塩分と酸味だけでいただくパスタは、シンプルながらうまみたっぷり。パパッと手早く作れるのも魅力です。

… 作り方 p.76

梅干しを使って

枝豆と梅干しの炊き込みごはん

——68ページ

【材料（2～3人分）】
枝豆（さやつき）……100g
梅干し……1個
米……2合
水……360mℓ

【作り方】
1 米は洗ってざるに上げ、分量の水を加えて30分ほどおく。枝豆は塩ゆでしてさやから出し、薄い塩水（分量外）につけておく。
2 米に梅干しをのせてふつうに炊く。炊きあがったら梅干しをほぐし、水けをきった枝豆を加えてさっくり混ぜ、10分ほど蒸らす。

梅干しを使って

納豆梅ぞうすい

——69ページ

【材料（2～3人分）】
ごはん……茶碗2杯分
だし汁……360mℓ
梅干し……1個
納豆……100g
青ねぎ（小口切り）……適量
のり……2枚

【作り方】
1 ごはんを鍋に入れ、だし汁と手で粗くつぶした梅干しを加えて中弱火にかけ、沸いたら弱火にして2～3分煮る。
2 茶碗に盛り、納豆と青ねぎ、細切りにしたのりをかけて混ぜながらいただく。

赤梅酢&梅シロップを使って

梅寿司

——70ページ

【材料（2～3人分）】
みょうが……3本
れんこん……3cm長さ程度
新しょうが……1片
A 赤梅酢……大さじ2
　梅シロップ……小さじ1
炊きたてのごはん……2合分
B 赤梅酢……50mℓ
　はちみつ……大さじ2/3
きぬさやえんどう……6本程度
白炒りごま……適量

【作り方】
1 みょうがは縦半分に切り、れんこんは薄い輪切り、しょうがはせん切りにして、それぞれ熱湯でさっとゆでて、水けをきってからAに1時間以上つける。きぬさやは塩ゆでし

て斜め半分に切る。

2 ごはんにBを加え、しゃもじで切るように混ぜながら酢飯を作る。

3 器に酢飯を盛り、*1*の梅酢つけの野菜の水けをきって飾り、きぬさやとごまを散らす。

＊ポイント…酢飯の上にのせる野菜は、1〜3日ほど梅酢に漬けると、しっかりとした味と鮮やかな色がつきます。

梅干しを使って

梅干しだしのうどん

――71ページ

【材料（2人分）】

梅干し……1個
酒……50mℓ
醤油・みりん……各小さじ1
うどん……2人分
かぶ（大）……1個
三つ葉……適量
白炒りごま……適量

【作り方】

1 かぶは皮ごとすりおろす。三つ葉は葉をつむ。

2 鍋に梅干し、酒、水450mℓを入れて中火にかける。煮立ったら弱火にして10分ほど煮て、梅干しのだしをとる。醤油、みりんを加えて味をととのえる。

3 たっぷりの湯でうどんをゆでて水けをしっかりきり、器に盛って*2*の梅干しだしを注ぐ。*1*のかぶの水けを軽くきり、三つ葉の葉をのせ、ごまを散らす。

梅みそ&梅みその梅を使って

梅肉みそ麺

――72ページ

【材料（2人分）】

中華生麺……2玉
豚ひき肉……100g
長ねぎ……10cm長さ程度
にんにく……1片
しょうが……1片
A
梅みそ……大さじ1
梅みその梅（みじん切り）……1個
白練りごま……小さじ2
酒……大さじ1/2
しょうゆ……大さじ1
塩・こしょう……各少々
片栗粉……大さじ1
ごま油……適量
小松菜……2〜3本

【作り方】

1 長ねぎ、にんにく、しょうがはみじん切りにする。小松菜は塩ゆでして水けをきり、4～5cm長さに切る。

2 中華鍋にごま油を入れ、長ねぎ、にんにく、しょうがを中弱火で炒め、香りが立ったらひき肉を加えてほぐしながら炒める。

3 Aを加えて炒め合わせ、水150mℓを加えて水分が少なくなるまで煮る。同量の水で溶いた片栗粉でとろみをつける。

4 たっぷりの湯で麺をゆで、水けをしっかりきって器に盛り、*3*をかけて小松菜を添える。

梅干しを使って

梅トマトパスタ

——73ページ

【材料（2人分）】

パスタ……200g
トマト（中）……2個
梅干し……2個
にんにく……1片
バジル……適量
オリーブオイル……大さじ2
チーズ
（パルミジャーノ・レッジャーノなど好みで）……適量
塩……適量

【作り方】

1 トマトはざく切り、にんにくはみじん切り、梅干しは種をとって粗めにほぐしてボウルに合わせ、よく混ぜてしばらくおく。

2 塩（湯2ℓに対して大さじ1強）を入れたたっぷりの湯でパスタをゆでてしっかり水けをきり、*1*のボウルに加えてオリーブオイルをまわしかけて、さっと混ぜ合わせる。

3 器に盛ってバジルを散らし、好みでチーズを削ってかける。

＊ポイント…パスタにからめる*1*のソースは少しおいておくと、梅干しの塩分とトマトの酸味が引き出され、よく味がなじみます。

梅レシピ04

おつまみ

梅の酸味は肝臓の解毒作用を助けるといわれているので、アルコールと合わせるのに最適なおつまみです。梅をあれこれ取り入れれば、たとえ飲み過ぎても二日酔い知らずかも。

夏野菜とナッツの梅酢マリネ

〈 白梅酢＆小梅漬け、
梅干しの赤じそを使って 〉

白梅酢に小梅漬けを加えた、梅の風味いっぱいのマリネ液。… 作り方 p.80

梅バーニャカウダ

〈 梅みそ＆梅みその梅を使って 〉

酸味がきいたさっぱりとしたソースは、実は納豆が隠し味。… 作り方 p.80

梅蒸し鶏

〈 梅干しを使って 〉

梅風味の鶏肉に蒸し汁を残さず使った濃厚なタレをかけて。 … 作り方 p.81

揚げ里芋の梅みそかけ

〈 梅みそ&梅みその梅を使って 〉

里芋は丸ごと素揚げにすれば、皮をむく手間も省けてほっくほくに。 … 作り方 p.81

〔梅レシピ04〕おつまみ

梅みそ&梅みその梅を使って

梅バーニャカウダ

――78ページ

【材料（2人分）】

ソース
梅みそ……小さじ1
梅みその梅……1個
オリーブオイル……大さじ2
こしょう……少々
納豆……大さじ1

にんにく……1片
しょうが……1片
かぶ（葉つき）……2個

【作り方】

1 にんにく、しょうがはみじん切りにする。梅みその梅は種をとってみじん切りにする。

2 すべてのソースの材料を小鍋に入れて混ぜ、弱火で温める。ふつふつとしてきたら火を止める。

3 かぶは葉つきのまま4つ割にし、蒸気の上がった蒸し器で蒸す。

4 *3*を器に盛り、*2*を添える。

＊ポイント…好みの野菜につけていただく。

白梅酢&小梅漬け、梅干しの赤じそを使って

夏野菜とナッツの梅酢マリネ

――78ページ

【材料（2〜3人分）】

きゅうり……1/2本
ミニトマト……6〜8個
ズッキーニ……10cm長さ
玉ねぎ……1/2個
くるみ・アーモンドなどのナッツ類……50g

マリネ液
白梅酢……大さじ2
小梅漬け……2〜3個
梅干しの赤じそ……少々

オリーブオイル……大さじ2
塩・こしょう……各少々
ディル（好みで）……少々

【作り方】

1 きゅうりは1.5cmの角切り、ズッキーニは5mm厚さの輪切り、玉ねぎは繊維に添って薄切りにする。ナッツ類はから炒りする。

2 マリネ液の材料をよく混ぜ合わせる。小梅漬け、赤じそはそのまま入れる。野菜とナッツ類を30分以上漬け込む。

3 器に盛り、好みでディルを飾る。

＊ポイント…小梅漬けのかわりに、白梅干し1個をきざんで加えても。

梅みそ&梅みその梅を使って

揚げ里芋の梅みそかけ

——79ページ

【材料（2人分）】

里芋……4個

梅みその梅……1個

A
- 梅みそ……大さじ2
- 醤油……大さじ1／2
- 酒……大さじ1

揚げ油……適量

【作り方】

1 里芋はよく洗って水けをしっかり拭き取る。170℃の揚げ油で、皮ごと竹串がすっと通るまで素揚げする。

2 小鍋にAと、種をとってみじん切りにした梅みその梅を加え、中弱火にかけて煮詰める。

3 里芋の上部の皮をむいて***2***のみそを塗って器に並べる。

＊ポイント…好みでせん切りにしたゆずの皮を散らしてもよい。

梅干しを使って

梅蒸し鶏

——79ページ

【材料（2人分）】

鶏むね肉……200g

梅干し……1個

長ねぎ（青い部分）……10㎝長さ程度

しょうがの薄切り……2～3枚

酒……大さじ2

水……大さじ1

A
- 醤油……大さじ1
- みりん……大さじ2
- 片栗粉……小さじ1

セロリ……1／3本

【作り方】

1 鍋に鶏肉を入れ、梅干し、長ねぎ、しょうが、酒、分量の水を入れてふたをし、中弱火にかける。沸いたら弱火にして7～8分蒸し煮にする。火を止めて余熱で5分ほど蒸らす。

2 セロリを薄切りにして皿に敷き、***1***の鶏肉を食べやすい大きさに切って並べる。

3 残った蒸し汁にAを加え、梅干しをほぐしながら煮詰めて、***2***の鶏肉にかける。

＊ポイント…鶏肉は竹串を刺して透き通った汁が出るまで火を通します。汁につけたままなら肉がパサパサにならずに保存できます。

梅レシピ05

おやつ・スイーツ

梅酒や梅シロップの甘みをそのまま生かしてスイーツに。梅干しや梅みその塩けのきいた甘じょっぱいおやつも後を引きます。甘さは控えめなのでお好みでプラスしてください。

梅ゆべし

〈梅シロップ＆梅シロップの梅、梅みそを使って〉

ゆずの代わりに梅をしのばせた変わりゆべし。さっぱりしているのにコクがあるのは、隠し味の梅みそとくるみの効果です。 … 作り方 p.88

赤じそのグラニテ（写真下）

〈 赤じそジュースを使って 〉

鮮やかな深紅のグラニテにはしょうががきかせて大人顔に。 … 作り方 p.88

大人の梅ゼリー（写真上）

〈 梅酒＆青梅の甘露煮を使って 〉

梅酒を固めた琥珀《こはく》色のゼリーは甘さ控えめで後味すっきり。… 作り方 p.88

梅干し蒸しパン

〈赤じそ梅干し＆梅シロップを使って〉

蒸しパンに梅干し!?　意外ですが、これがとっても合うんです。蒸し器のふたをあけた瞬間、梅干しの紅色に歓声があがります。

… 作り方 p.89

梅種杏仁豆腐（写真下）

〈梅の仁を使って〉

梅も杏《あんず》と同じバラ科。梅の種（仁）で作る杏仁《あんにん》豆腐です。 … 作り方 p.90

梅くずきり（写真上）

〈梅シロップ&梅シロップの梅を使って〉

自家製くずきりに梅シロップをかけた涼をはこぶ一品。 … 作り方 p.89

梅レシピ06

ドリンク

梅干しや梅シロップをお茶に加えたり[illegible]乳やフルーツと組み合わせたり。梅に豊富に[illegible]れるミネラルやクエン酸を素早く吸収できる。[illegible]気になるエナジードリンクです。

梅豆乳ヨーグルト

〈 梅シロップを使って 〉

豆乳に梅の酸が加わるとヨーグルトのような食感に。
… 作り方 p.91

梅と桃のスムージー

〈 梅シロップを使って 〉

生ジュースでも梅と桃の組み合わせは体を冷やさず安心。
… 作り方 p.90

梅干ししょうがほうじ茶

〈梅干しを使って〉

ほっと一息つきたいときに。じんわり体が温まります。 … 作り方 p.91

梅のスパイスティー

〈梅シロップを使って〉

シナモンやカルダモンのさわやかな香りは梅とも好相性。 … 作り方 p.91

梅シロップ&梅シロップの梅、梅みそを使って

梅ゆべし

——82ページ

【材料（4〜5人分）】

白玉粉……80g
上新粉……20g
梅シロップ……50mℓ
梅みそ……20g
くるみ……20g
梅シロップの梅……2個

【作り方】

1 くるみは炒って粗めに刻む。梅シロップの梅は種をとって刻む。

2 梅シロップと梅みそ、白玉粉と上新粉を鍋に入れてよく混ぜ、中火にかける。

3 透明感が出てきたら、くるみと梅を加え、さらに練り混ぜる。

4 耐熱容器にクッキングシートを敷いて*3*をのせ、蒸気の上がった蒸し器で20分ほど蒸す。冷めたら好みの大きさに切り分ける。

梅酒&青梅の甘露煮を使って

大人の梅ゼリー

——83ページ

【材料（2人分）】

梅酒……125mℓ
寒天（粉末）……2g
青梅の甘露煮……2個

【作り方】

1 水175mℓと寒天を小鍋に入れて中火にかけ、沸いてから2〜3分混ぜながら寒天を煮溶かす。火を止めて梅酒を加える。

2 容器に*1*を流し込み、青梅の甘露煮を真ん中に落として冷やし固める。

＊ポイント…青梅の甘露煮がなければ、梅酒の梅を入れても。

赤じそジュースを使って

赤じそのグラニテ

——83ページ

【材料（2人分）】

赤じそジュース……300mℓ
しょうが（みじん切り）……1片分
はちみつ……大さじ1
すだちの輪切り（好みで）……1枚
穂じその実（好みで）……2本分

【作り方】

1 バットに赤じそジュース、水100mℓ、しょうが、はちみつを加えて混ぜ合わせ、冷凍庫に入れる。

2 全体が少し固まればフォークでかき混ぜ、再び冷凍庫に入れる。こ

の作業を2~3回くり返してシャーベット状にする。

4 器に盛り、好みですだちの輪切りと穂じそを飾る。

赤じそ梅干し&梅シロップを使って

梅干し蒸しパン

――84ページ

【材料（直径10cm容器6個分）】

薄力粉……100g
赤じそ梅干し……1/2個
梅シロップ……50mℓ
豆乳……50mℓ
ベーキングパウダー（アルミニウムフリー）……5g

【作り方】

1 梅干しは種をとってたたく。ボウルに薄力粉とベーキングパウダーを入れてよく混ぜ合わせる。

2 *1*のボウルに梅シロップと豆乳を加えてさっくり混ぜ合わせる。

3 グラシンカップを敷いた容器に流し込み、たたいた梅干しをのせる。

4 蒸気の上がった蒸し器で13~15分ほど蒸す。

梅シロップ&梅シロップの梅を使って

梅くずきり

――85ページ

【材料（2人分）】

くず粉……30g程度
梅シロップ……150mℓ
梅シロップの梅……2個

【作り方】

1 梅シロップを鍋に入れ、中火にかけてとろみが出るまで煮詰める。梅は種をとって粗めに刻む。

2 くず粉をボウルに入れて水90mℓを注ぎ、よく混ぜ合わせて薄いバットに1~2mmの厚みに流し入れる。

3 沸騰したお湯にバットごと浮かべる。

4 30秒ほどで固まってきたら、ゆっくりバットをお湯に沈める。

5 半透明になったら10秒ほどでバットを取り出して冷水につけ、冷水のなかでバットから固まったくずをはがす。よく濡らしたまな板と包丁で5mm幅にカットする。これを分量のくず粉がなくなるまで、何度か繰り返す。

6 *5*の水けをきって器に盛り、*1*の梅シロップをかけて、梅シロップの実を添える。

＊ポイント…バットをお湯に沈めたり、取り出すときは、十分注意しながらやけどしないようにトングなどを使ってください。

梅の仁を使って

梅種杏仁豆腐

——85ページ

【材料（作りやすい分量）】

梅の仁……25g
豆乳……150ml
米あめ……大さじ1と1/2
塩……少々
粉寒天……1g弱（0.8gぐらい）
くこの実（好みで）……4〜6個

【作り方】

1 梅の仁はさっと水で洗って一晩水100mlにつけておく。

2 梅の仁の薄皮をむき、つけた水ごとミキサーにかけて、さらしにとってよくエキスを搾る。

3 鍋に*2*の搾り汁こしながら入れ、豆乳、塩を鍋に入れて中火にかけ、木べらでよく混ぜる。ふつふつと沸いてきたら米あめ、寒天を加えて弱火にし、さらによく混ぜる。

4 沸騰直前で火から下ろして容器に流し入れ、粗熱がとれたら冷蔵庫で冷やし固める。好みで水でもどしたくこの実をのせる。

＊ポイント…杏仁豆腐の杏仁は、杏の種の中にある仁のこと。同じバラ科の梅の仁でも、小さいけれど同じように作れ、杏仁と同じ風味のものができます。傷んだ梅や、梅酒・梅シロップに漬けた後の梅の種を集めて乾燥させ、半分に割って中の仁を取り出します。未熟な梅の仁には、青酸配糖体の一種が含まれるので、かならず完熟したものを使います。また、大量の摂取は控えましょう。

梅の種の中の仁

〔梅レシピ06〕ドリンク

梅シロップを使って

梅と桃のスムージー

——86ページ

【材料（2人分）】

梅シロップ……50ml
桃……1個
ミント……2枚

【作り方】

1 桃は半分に割って種をとり、皮をむいてざく切りにする。

2 *1*と梅シロップ、水50mlをミキサーにかけ、なめらかになったらグラスに注ぎ、ミントを飾る。

梅シロップを使って

梅豆乳ヨーグルト

――86ページ

【材料（2人分）】
梅シロップ……60㎖
豆乳……150㎖

【作り方】
グラスに梅シロップを入れ、豆乳を注いでかき混ぜる。

梅シロップを使って

梅のスパイスティー

――87ページ

【材料（2人分）】
梅シロップ……30㎖
紅茶の葉（セイロンなど）……小さじ1
カルダモン……2個
シナモンスティック……2本

【作り方】
1 カルダモンは包丁で押さえるなどして割る。シナモンスティックは半分に折る。
2 鍋に紅茶の葉、カルダモン、シナモンスティック、水300㎖を入れて中火にかけ、沸いたら弱火で3分ほど煮出し、冷やしておく。梅シロップも冷やしておく。
3 グラスに氷と梅シロップを入れ、*2*の紅茶をこしながら静かに注ぎ、好みでシナモンスティックを入れる。
＊ポイント…梅シロップの梅を一緒に加えると梅の風味が強くなります。紅茶もシロップも温めて、ホットスパイスティーにしても美味。カルダモンがないときは薄切りのしょうが適量でも。

梅シロップを使って

梅干ししょうがほうじ茶

――87ページ

【材料（2人分）】
梅干し……2個
ほうじ茶……300㎖
しょうがの搾り汁……小さじ1／2

【作り方】
カップに梅干しを入れ、ほうじ茶を注ぎ、しょうがの搾り汁を加える。

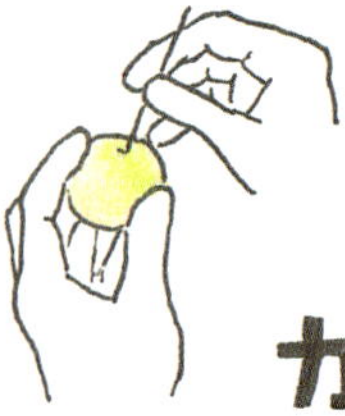

梅しごとカレンダー

梅は初夏の季節の恵み。6月になるとみずみずしい青梅が店頭に並び始めます。青梅が手に入るのは、最初のごくわずかな期間ですから、甘露煮や梅肉エキスを作ると決

	完熟梅で					出回り時期	
	p.45 梅みそ	p.36 梅シロップ	p.35 梅ジャム	p.32 黒糖梅酒	p.16 基本の梅干し		
5月						青梅	
6月／上旬	（仕込み）	（仕込み）	（仕込み）	（仕込み）	（仕込み）	↕	完熟梅（黄熟梅）
／中旬	↓	↓	↓	↓	↓	赤じそ	↕
／下旬	↓	↓	↓	↓	↓	↕	↕
7月／上旬	↓	↓	（保存）すぐ〜半年／冷蔵	↓	↓	↕	
／中旬	（保存）	（保存）	↓	（保存）	↓	↕	
／下旬	↓	↓	↓	↓	（土用干し）7月下旬〜8月上旬ごろ	↕	
8月	2、3か月〜2、3年	2週間〜2、3年	↓	↓	↓		
9月	↓	↓	↓	3か月〜ずっと	（保存）土用干し後ずっと		
10月	↓	↓	↓	↓	↓	※赤じそ梅干しはここで塩もみした赤じそを加える	
11月	↓	↓	↓	↓	↓		
12月	↓	↓	↓	↓	↓		
1月	↓	↓	↓	↓	↓		

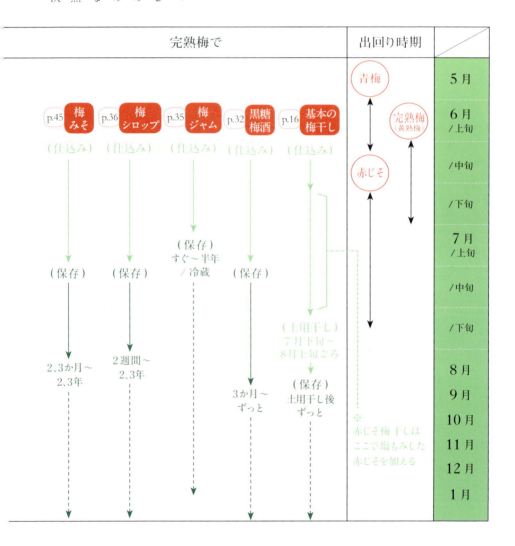

めたら迷わず手に入れます。それから遅れること2週間。黄色く熟した完熟梅（黄熟梅）を見かけるようになったら、いよいよ梅しごとに大忙し。梅干しに梅みそ、梅シロップと、おいしいタイミングを逃さず仕込みに取りかかりましょう。

＊梅を手に入れる前に、保存容器やその他の材料も揃えておくようにしましょう。
＊このカレンダーは関東地方の平年の気候を基準としています。その年の気候や地域によって多少変動するため、梅の仕入れ時期はこまめにチェックしてください。
＊とくにことわりのない場合は冷暗所で保存します。

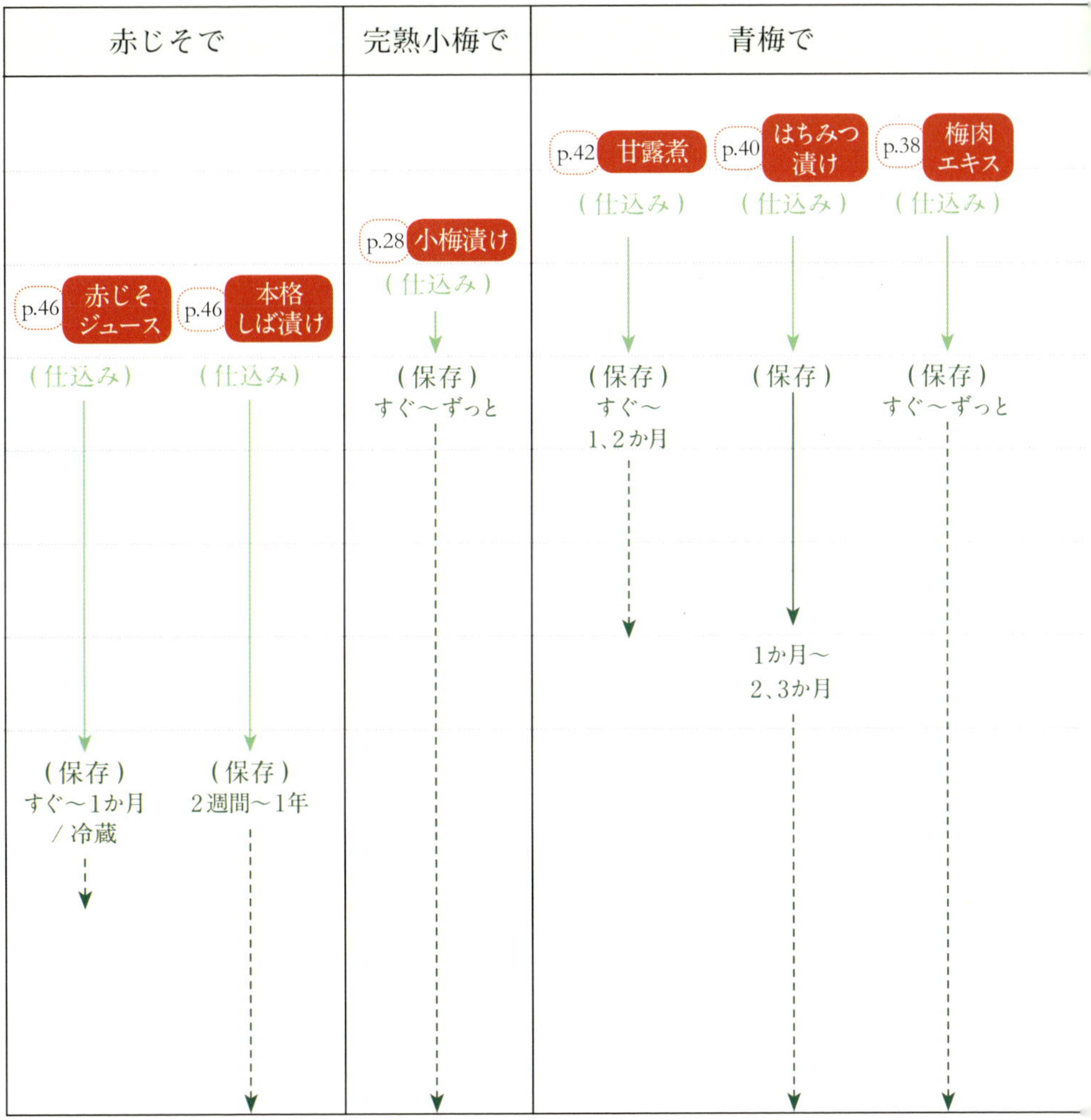

おわりに

祖母は梅干し作りの名人で、90歳で亡くなった後にも、いくつもの梅干しの壺が残っていました。その後を受け継いだ母、そして私も毎年変わらずたくさんの梅を漬けています。

私は、祖母や母から受け継いだしっとりやわらかな梅干しが好みなので、土用干しの間も干し終わった後も梅酢に戻しています。何百という梅の数ですから、トングでまとめてつかんでしまえばいいのでしょうが、どうしても梅干しを粗末に扱うことができず、どんなに手間でも箸で1つ1つやさしくつかみ、ざるに広げては瓶に戻すという作業を3日間続けます。そんな面倒なことをと笑われようが、梅干しにはそのぐらい大事に扱いたくなる神々しさがあるような気がするのです。

梅干しは50年、100年と長もちします。そんな食べ物がほかにあるでしょうか。祖母の遺

した赤じそ梅干しもカリカリ梅も、亡くなって10年たってもおいしくいただくことができました。時間という調味料が加わって、それはうまみのかたまりのようなものになっていました。梅干しも梅酒も梅みそも、じっくり寝かせたほうがおいしくなります。効用も高くなります。私が今年6月に仕込んだ梅ものを口にするのは1年後。その間に梅干しは塩けと酸味がまろやかになり、梅酒や梅みそはより濃厚になっていきます。時間の経過とともに熟成していく、その変化を味わえるのも梅しごとの醍醐味です。そして100年後、今年私の作った梅干しは、孫が口にしているかもしれません。そう考えると、なんだかわくわくしませんか。梅しごとが未来へとつなぐ架け橋になる。わが家の梅しごとを絶やすことなく、子どもへ、そして孫へと伝えていってほしいと思います。

山田奈美

薬膳料理家、食養研究家、国際中医薬膳師。「食べごと研究所」主宰。北京中医薬大学日本校卒。東京薬膳研究所の武鈴子氏に師事し、薬膳理論や食養法について学ぶ。雑誌やWEBなどで発酵食や薬膳レシピの製作・解説を行うとともに、神奈川県葉山町のアトリエ「古《こ》家《や》1681《いろあい》」で「発酵教室」「和の薬膳教室」などのワークショップを開催し、日本の食文化を継承する活動を行う。地域の仲間とともに、自主保育の場「そらまめ」、「まなびのわ　そらまめのねっこ」も運営。著書に『野菜の力をいかす和食薬膳レシピ』『体を温め、めぐりをよくする　妊娠中のごはん』（ともに家の光協会）、『つよい体をつくる離乳食と子どもごはん』（主婦と生活社）、『ぬか漬けの基本　はじめる、続ける。』（グラフィック社）、『昔ながらの知恵で暮らしを楽しむ　家しごと』（エクスナレッジ）、『季節のからだを整える　おやこの薬膳ごはん』（クレヨンハウス）ほか。

デザイン──蔦村 美里（studio-nines）
撮影──砂原 文
イラスト──川原 真由美
手漉き紙提供──春日 泰宣
協力──UTUWA
校正──かんがり舎
DTP制作──天龍社

旬を楽しむ梅しごと
梅干しから梅酒、毎日の梅レシピまで

2018年4月1日　第1版発行

著　者　山田 奈美
発行者　髙杉 昇
発行所　一般社団法人 家の光協会
〒162-8448
東京都新宿区市谷船河原町11
電　話　03-3266-9029（販売）
03-3266-9028（編集）
振　替　00150-1-4724
印刷・製本　図書印刷株式会社

ISBN 978-4-259-56574-9 C0077